AF557075

Wir machen tolle Sachen.

Wir spielen Fußball.

Papa fängt mich.

Wir bleiben im Bett.

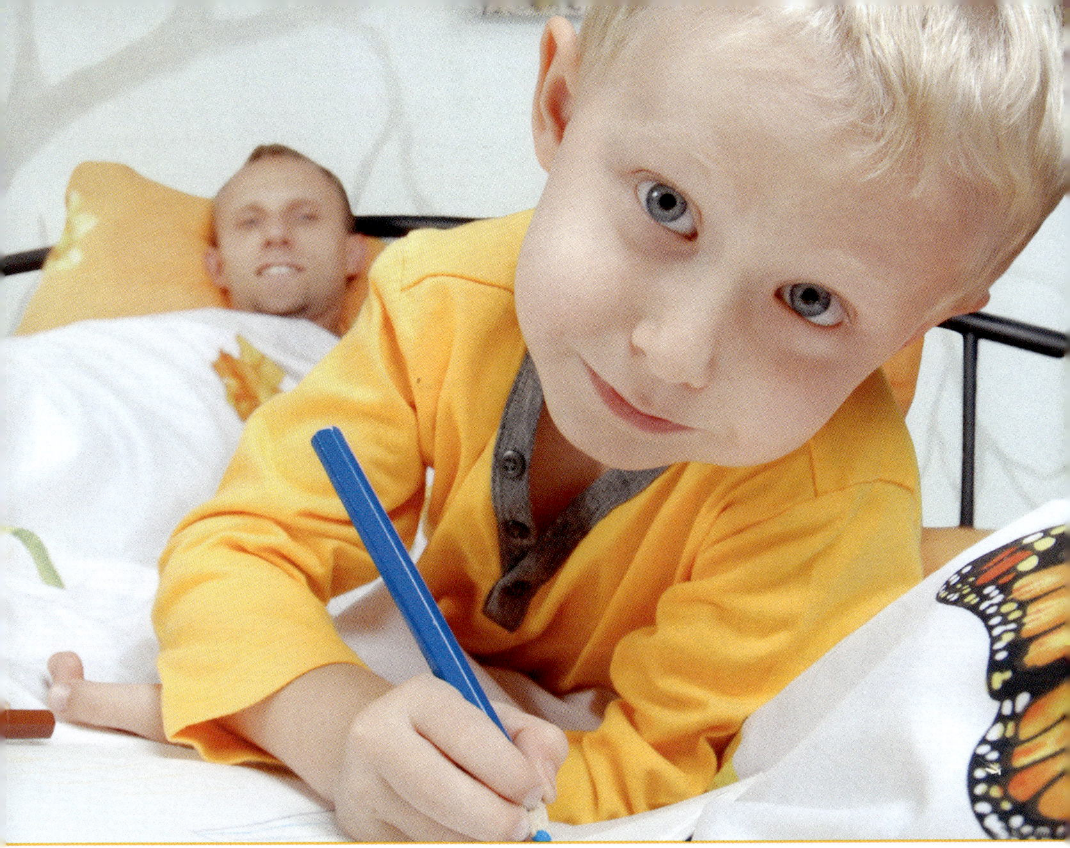

Ich male.

Wir reden.

Wir kuscheln.

Wir lassen Drachen steigen.

Papa hilft mir.

Wir sind am Fluss.

Wir toben.

Wir sind am Meer.

Wir machen Blödsinn.

Wir sind Entdecker.

Wir machen tolle Sachen.

Wir sind Forscher.